Maury.

Extrait des ANNALES MÉDICO-PSYCHOLOGIQUES.

DES

HALLUCINATIONS HYPNAGOGIQUES,

OU

DES ERREURS DES SENS

DANS

L'ÉTAT INTERMÉDIAIRE ENTRE LA VEILLE ET LE SOMMEIL,

PAR

M. ALFRED MAURY.

Les hallucinations qui se produisent dans l'état intermédiaire entre la veille et le sommeil n'ont été encore que peu étudiées. M. Baillarger est le seul aliéniste qui ait appelé sur elles l'attention des pathologistes (voy. le tome VI de ces *Annales*, p. 1 et suiv.), et qui en ait fait l'objet d'un travail approfondi. Ce savant médecin a senti combien leur étude peut jeter de jour sur la question si controversée des hallucinations proprement dites. Aussi est-ce cette dernière considération qui m'a déterminé à faire de ces phénomènes l'objet de mes observations, depuis plusieurs années. Fort sujet à ces fausses sensations, et ayant, dans ma famille, autour de moi, des personnes qui les éprouvent également, j'ai pu réunir, sur cette intéressante question, des renseignements assez précis, qui ne seront pas, j'ose l'espérer, tout à fait inutiles à ceux qui s'occupent de physiologie psychologique. Je vais présenter ici un aperçu des faits que j'ai constatés par moi-même ou par des personnes que je juge dignes de confiance, et qui avaient, à ma prière, dirigé sur elles-mêmes des observations semblables à celles que j'avais commencées sur ma personne.

Conditions de production du phénomène. — J'ai donné l'épithète d'*hypnagogiques* (1) aux hallucinations qui forment la matière de cet article, parce qu'elles s'offrent presque toujours comme les précurseurs du sommeil, et qu'elles l'amènent en quelque sorte. Elles ne se manifestent qu'alors qu'on est couché ou qu'on éprouve le besoin du repos, et quand les yeux sont déjà fermés. C'est ordinairement sept ou huit minutes après m'être mis au lit, que je commence à les éprouver. Toutefois, quand je suis porté à l'insomnie, elles n'arrivent qu'après un temps plus long. En thèse générale, elles ne précèdent que d'un intervalle assez court le moment où le sommeil finit par s'emparer définitivement de moi. Bien qu'il soit de la nature de ces hallucinations de déterminer le sommeil, il est clair que si, après que vous venez de les éprouver, des circonstances extérieures vous empêchent de vous livrer au repos, leur effet immédiat ne sera point alors de faire naître le sommeil.

Quand ces hallucinations débutent, l'esprit a cessé d'être attentif; il ne poursuit plus l'ordre logique et volontaire de ses pensées, de ses réflexions ; il abandonne à elle-même son imagination, et devient le témoin passif des créations que celle-ci fait naître et disparaître incessamment. Cette condition de non-attention, de non-tension intellectuelle, est d'une nécessité absolue pour la production du phénomène; et elle explique, à notre avis, comment celui-ci est un prodrome du sommeil. Car, pour que nous puissions nous y livrer, il faut que l'intelligence se retire en quelque sorte, qu'elle détende ses ressorts et qu'elle se place dans un demi-état de torpeur. Or, le commencement de cet état est précisément celui qui est nécessaire pour l'apparition des hallucinations. Ce retrait de l'attention peut

(1) C'est-à-dire qui amènent le sommeil, de ὕπνος, sommeil, et ἀγωγός, qui amène.

être l'effet, soit de la fatigue des organes de la pensée, de leur défaut d'habitude d'agir et de fonctionner longtemps, soit de la fatigue des sens qui s'émoussent momentanément, ne conduisent plus les sensations au cerveau, et dès lors ne fournissent plus à l'esprit d'éléments, de sujets d'activité. C'est de la première de ces causes que résulte le sommeil auquel nous a conduit la rêvasserie qui l'a précédé. L'esprit, cessant peu à peu d'être attentif, a graduellement amené le sommeil. Voilà pourquoi certaines personnes d'un esprit peu fait à la méditation ou à l'attention purement mentale, s'endorment dès qu'elles veulent méditer ou seulement lire. Voilà pourquoi un discours, un livre ennuyeux, provoquent à dormir. L'attention n'étant plus suffisamment excitée par l'orateur ou le contenu du livre, elle se retire, et dès lors le sommeil s'empare de nous.

Ce départ de l'attention est donc, je le répète, une condition d'une complète rigueur pour que le phénomène se produise. Au reste, il n'est pas nécessaire que cette absence d'attention soit de longue durée ; il suffit qu'elle ait lieu seulement une seconde, moins peut-être. C'est ce que j'ai bien souvent constaté par moi-même. Je me couchais ; au bout de quelques minutes, l'attention, qui avait été tenue jusqu'alors éveillée, se retirait ; aussitôt les images s'offraient à mes yeux fermés. L'apparition de ces hallucinations me rappelait alors à moi, et je reprenais le cours de ma pensée, pour retomber, bientôt après, dans de nouvelles visions, et cela plusieurs fois de suite jusqu'à ce que je fusse totalement endormi. Hier encore (30 novembre), j'ai pu observer ces alternatives singulières. Je lisais à haute voix le *Voyage dans la Russie méridionale*, de M. Hommaire de Hell : à peine avais-je fini un alinéa, que je fermai les yeux instinctivement. Aussitôt je vis passer devant eux, avec la rapidité de l'éclair, l'image d'un homme revêtu d'une robe brune et coiffé d'un capuchon, comme un moine des tableaux de Zurbaran : cette image me rappela aussitôt que j'avais fermé les yeux et cessé de lire ; je rouvris subitement les yeux, et je repris le cours de ma lecture. L'interruption fut de si courte durée, que la personne à laquelle je lisais ne s'en aperçut pas.

Dans cet état de non-attention, les sens ne sont point encore
assoupis : l'oreille entend, les membres sentent ce qui est en
contact avec eux, l'odorat perçoit les odeurs; mais cependant
leur faculté, leur aptitude à transmettre la sensation, n'est
plus aussi vive, aussi nette que dans l'état de veille. Quant à l'esprit, il cesse d'avoir une conscience claire du moi, il est en quelque sorte passif, il est tout entier dans les objets qui le frappent;
il perçoit, voit, entend, mais sans percevoir qu'il perçoit, voit,
entend. Il y a là un machinisme mental d'une nature fort particulière, et en tout semblable à celui de la rêvasserie. Mais dès
que l'esprit revient à lui, dès que l'attention se rétablit, dès lors
la conscience reprend ses droits. On peut donc dire avec raison
que, dans l'état intermédiaire entre la veille et le sommeil, l'esprit est le jouet des images évoquées par l'imagination, que
celles-ci le remplissent tout entier, le mènent où elles vont, le
ravissent comme au dehors de lui, sans lui permettre dans le
moment de réfléchir sur ce qu'il fait, quoique ensuite, rappelé
à lui, il puisse parfaitement se souvenir de ce qu'il a éprouvé et
qu'il soit en état de le décrire, ainsi que nous le ferons voir par
cet article.

L'attention ne devant être provoquée par rien, afin de ne
point arrêter la manifestation du phénomène, il est nécessaire
qu'aucun objet ne frappe les yeux, qu'aucun son trop bruyant
ne tienne l'oreille occupée, qu'aucune odeur trop forte n'agisse
sur l'odorat. De là, la nécessité absolue de l'occlusion des yeux
pour que les hallucinations aient lieu. Je n'ai pas éprouvé
celles-ci une seule fois les yeux ouverts, non plus que les
personnes qui ont été interrogées par moi. Quand je dis
éprouvé, j'entends que jamais les images ne se sont montrées avant que les paupières se fussent abaissées; mais,
une fois qu'elles sont apparues, elles peuvent se continuer un
instant immédiatement après que les yeux viennent de s'ouvrir

L'image fantastique brille alors un temps infiniment court devant la vue qui se rétablit; mais elle disparaît aussitôt pour ne plus revenir, que si les paupières s'abaissent de nouveau. Ce phénomène de persistance se passe aussi parfois quand on s'éveille au milieu d'un rêve qui vous a vivement impressionné; on voit alors durant une seconde, moins peut-être, l'image qui vous frappait dans le songe. J'ai plusieurs fois éprouvé cet effet qui a été constaté par d'autres. Il est, au reste, vrai de dire que, bien qu'ouverts, les yeux ne perçoivent point encore distinctement les objets, qu'ils ne sont encore qu'*écarquillés*. Et c'est au moment où la vision cesse d'être confuse, que l'image s'envole.

Quand même les yeux sont fermés, si une lumière est placée près de nous et si sa clarté agit sur l'œil, à travers les paupières, cette circonstance suffit souvent pour empêcher la production des hallucinations. Une vieille domestique de la maison que j'habite, et qui est fort sujette à ces hallucinations, tient allumée une chandelle près de son lit, « parce que, dit-elle, cette lumière m'empêche d'apercevoir les vilaines figures que je vois, les yeux fermés, dans l'obscurité. »

Nature du phénomène. — Les images qui s'offrent aux yeux dans l'état intermédiaire entre la veille et le sommeil sont de natures les plus variées. Ce sont le plus souvent des figures d'hommes, bustes ou portraits en pied, des formes d'animaux, des êtres bizarres, des dessins, des maisons, des fleurs, parfois aussi des paysages qui paraissent fort beaux; les couleurs en sont généralement assez vives; mais, dans les objets non fantastiques, elles sont celles qui conviennent à ces objets, qui leur appartiennent. Parfois ces figures sont immobiles, parfois elles se meuvent. Ainsi les têtes d'hommes sont fréquemment grimaçantes; elles font des signes en sens divers. Quelles qu'elles soient, elles ne s'offrent aux yeux qu'un temps très court, et disparaissent avec la plus grande rapidité; elles ne font guère que passer devant le regard.

La plupart des portraits que j'ai vus m'ont semblé être purement de fantaisie; mais quelques uns m'ont offert distinctement les traits de parents, d'amis, de personnes de connaissance ou de gens que j'avais rencontrés. Ainsi j'ai vu plusieurs fois, et récemment encore, la figure de mon père que j'ai eu le malheur de perdre il y a seize ans. Ses traits s'offraient alors à mon œil interne, avec une vivacité que mon souvenir ne pourrait jamais leur rendre.

Quelques uns de ces portraits, qui ne se rapportaient à aucune personne à moi connue, se sont fréquemment présentés à mes yeux plusieurs nuits de suite, ou se succédant à peu d'intervalle l'une de l'autre. J'ai, du reste, noté le même fait dans mes songes. Je me rappelle avoir rêvé huit fois en un mois d'un certain personnage, auquel je donnais la même figure, le même air, et que je ne connaissais nullement, qui n'avait même probablement aucune existence au dehors de mon imagination. Et, ce qui est bizarre, c'est qu'il continuait fréquemment dans un rêve des actions qu'il avait commencées dans un autre.

Les paysages qui se sont dessinés devant mes yeux fermés m'ont paru de même, tantôt des compositions de fantaisie, tantôt la représentation de lieux, de sites que j'avais visités, ou même dont j'avais vu des tableaux. Ainsi la première nuit que je couchai à Constantine, ville dont l'aspect pittoresque avait fortement excité mon admiration, je revis distinctement, étant dans mon lit, les yeux fermés, le spectacle que j'avais contemplé en réalité l'après-midi. J'ai éprouvé le même phénomène à Constantinople, deux jours après mon arrivée. Étant à Barcelone, l'hallucination ne donna lieu qu'à une reproduction partielle; je vis, dans mon lit, une maison du quartier de Barcelonette, qui n'avait pourtant que peu excité mon attention. Enfin, à Edimbourg, à Munich, à Brest, j'ai vu de même se retracer à mon œil fermé des paysages qui m'avaient frappé, durant mes excursions, aux environs de ces villes. C'est surtout en voyage que j'éprouve ces hallucinations pittoresques. Le château de F..., situé à 12 lieues de Paris, et où j'ai passé souvent quelques heureux moments, forme fréquemment le sujet de mes visions nocturnes. Mais je ne le revois presque jamais sous le même aspect

Les objets fantastiques qui se dessinent devant les yeux ne présentent point tout-à-fait le caractère d'objets réels; l'œil distingue facilement leur fausseté, et cependant ces images sont beaucoup plus vives, beaucoup plus animées que ne le seraient les peintures les plus vraies qu'on en pourrait exécuter. Elles sont généralement petites, surtout les figures d'hommes ou d'animaux. Je ne me rappelle pas en avoir aperçu aucune de grandeur naturelle. Et je n'en trouve aucune indication dans les observations que je consigne par écrit depuis quatre ans. Les paysages mêmes sont fort réduits. Ce sont presque des miniatures. Rarement j'aperçois plus de deux ou trois objets à la fois, et le plus ordinairement je n'en vois qu'un. Toutefois il m'est arrivé dans quelques occasions d'en voir un nombre assez considérable. Me trouvant notamment en diligence et me rendant en Suisse par la route de Mulhouse, j'eus une des hallucinations à images multipliées les plus remarquables que j'aie constatées chez moi. Fatigué par deux nuits passées en voiture, je commençais, sur les onze heures du matin, à entrer dans une rêvasserie qui annonçait l'invasion prochaine du sommeil. Je fermais machinalement les yeux. J'entendais encore le bruit des chevaux et le colloque des postillons qui relayaient, lorsqu'une foule de petits personnages, rougeâtres et brillants, exécutant mille mouvements et paraissant causer entre eux, s'offrirent à moi. Cette vision dura un grand quart d'heure. Elle revint à plusieurs reprises et ne disparut complétement qu'à mon arrivée à Belfort. Je me levai alors; j'étais fort coloré, le sang me montait avec violence à la tête.

J'ai éprouvé quelque chose d'analogue, il y a deux ans, au mois de juillet, étant également en diligence; les figures n'étaient alors ni si nombreuses, ni surtout si brillantes. Mais ce que je n'avais pas observé dans le premier cas, c'est que j'entendais ce que disaient ces personnages, et je constatai, en revenant à moi, que le discours que je prêtais à mes êtres fantastiques, était précisément celui que tenaient deux marchands qui se rendaient avec moi de Mortagne à Paris.

Étiologie. — J'ai cherché à découvrir si quelques causes produisaient chez moi les hallucinations hypnagogiques, ou du moins en augmentaient la fréquence, l'intensité. Or, je crois avoir constaté qu'elles étaient plus nombreuses, et surtout plus vives, quand j'éprouvais, ce qui est fort ordinaire chez moi, une disposition à la congestion cérébrale. Dès que je souffre de céphalalgie, dès que je ressens des douleurs nerveuses dans les yeux, les oreilles, le nez; dès que j'éprouve des tiraillements dans le cerveau, les hallucinations m'assiègent, à peine la paupière close. C'est ce qui m'explique pourquoi je les éprouve surtout en diligence, après y avoir passé la nuit, car le défaut de sommeil, le sommeil imparfait, produit constamment chez moi le mal de tête. Un de mes cousins, M. Gustave L..., qui est sujet aux mêmes hallucinations, a eu occasion de faire, en ce qui le touche, la même remarque. Je viens de rappeler ce qui m'arriva sur la route de Mulhouse. Cet afflux du sang au cerveau que je ressentais alors, s'accorde parfaitement avec la cause qui produisait chez le libraire Nicolaï des hallucinations si analogues aux miennes et si bien décrites par lui. Ces images fantastiques disparurent à la suite de saignées.

Lorsque dans la soirée je me suis livré à un travail très opiniâtre, les hallucinations ne manquent jamais de se présenter. Il y a trois mois, ayant passé deux jours consécutifs à traduire un long passage grec assez difficile, je vis, à peine au lit, des images si multipliées, et qui se succédaient avec tant de promptitude, que cela produisit sur moi une véritab'e frayeur, et que je me levai sur mon séant pour les dissiper. Au contraire, à la campagne, quand j'ai l'esprit calme, je n'éprouve que plus rarement le phénomène.

Le café noir, le vin de Champagne, qui même pris en assez petite quantité, provoquent chez moi des insomnies et de la céphalalgie, me disposent fortement aux visions hypnagogiques. Mais, dans ce cas, elles n'apparaissent qu'après un temps fort long, quand le sommeil, appelé vainement durant plusieurs heures, va finir par me gagner.

A l'appui des observations qui tendent à faire regarder la congestion cérébrale comme l'une de celles qui sont une cause marquée d'hallucinations, je dirai que toutes les personnes comme moi sujettes à ce phénomène, m'ont assuré être également fort sujettes aux maux de tête, tandis que plusieurs autres personnes, entre lesquelles je citerai ma mère, et auxquelles les céphalalgies sont à peu près inconnues, m'ont déclaré n'avoir jamais vu ces images fantastiques qui assiègent les premières.

Hallucinations hypnagogiques de l'ouïe. — Ce ne sont pas seulement des hallucinations de la vue que j'ai éprouvées dans l'état intermédiaire, j'ai eu encore des hallucinations de l'ouïe. Ainsi j'entends tout à coup, dans le calme et l'obscurité de la nuit, un son articulé, un mot, une phrase prononcée comme à voix basse à mon oreille, ou bien comme un son lointain. Ce son n'a pourtant pas l'intensité d'un son réellement externe, il ne frappe pas de la même façon le nerf auditif; cependant il est bien différent de celui que la mémoire reproduit à la pensée.

Ces sons sont parfois des mots qui ne se rapportent à rien. J'ai entendu bien souvent de la sorte mon nom répété une ou deux fois, ou bien le mot *oui*, ou d'autres phrases appelées je ne sais comment. Par exemple, la phrase : *Géométrie analytique à trois dimensions* s'est offerte maintes fois à mon oreille interne. Quelquefois ces sons sont la reproduction de ceux que j'ai entendus. Ainsi, revenant un jour de chez M. P. D..., où j'avais entendu notre habile compositeur M. Thomas, mon oreille perçut de nouveau, lorsque j'étais couché, comme la répétition lointaine du morceau de Beethoven qu'il avait exécuté sur le piano. Et cependant je ne suis doué de presque aucune mémoire musicale, et il me serait impossible de redire par cœur un air de musique, quoique je sois en état de le reconnaître, si je l'entends. Une autre fois, étant dans les Highlands d'Écosse, j'entendis, couché sur le bateau à vapeur qui me ramenait le soir de Staffa, les airs qu'un aveugle avait joués devant moi sur son *bagpipe*.

Ces sons, ces mots, qui se présentent tout à coup et automatiquement à mon oreille, s'offrent souvent de même le soir, la nuit, à ma pensée. Mais dans ce cas ils ne sonnent pas, je ne les entends que mentalement. Mon imagination promène alors devant mon esprit des phrases qui ne s'adaptent à rien, ou qui se cousent, contre les règles du bon sens, à celles qui entraient dans le raisonnement, la réflexion que je faisais précédemment avec parfaite conscience. Ainsi hier encore, étendu sur mon fauteuil, et souffrant de maux de tête, je cherchais à m'endormir, et j'avais éteint ma bougie. Tandis que je réfléchissais à M. M..., et que je pensais à son prodigieux amour-propre, cette phrase me vient tout à coup à la pensée: *Il ne s'en est pas mal trouvé, quand j'avais expédié la dépêche.* Ce qui n'avait aucun rapport avec ce que je pensais; ce sont ces phrases *surgereind*, qui s'offrent parfois comme des sons internes ou demi externes, quand je suis dans une disposition plus hallucinatoire.

Relation des rêves et des hallucinations hypnagogiques. — J'ai remarqué que les nuits où j'ai éprouvé le plus d'hallucinations hypnagogiques sont précisément celles où j'ai rêvé davantage, ou du moins celles où les rêves que j'ai fait ont laissé le plus de souvenir en mon esprit. Au contraire, il est à noter que ma mère et M...., qui ne se souviennent pas d'avoir jamais rêvé, n'ont jamais éprouvé ces hallucinations. Bien des fois je me suis rappelé avoir vu en songe quelques unes des figures qui avaient passé devant mes yeux, avant que je m'endormisse. Cette remarque a été faite principalement par moi, lorsque, me couchant de meilleure heure que de coutume, je me réveillais après mon premier somme. Car alors je n'avais eu qu'un songe, et le souvenir du dernier rêve n'avait point effacé celui du premier. Je me souviens notamment qu'étant à Florence, je vis, peu de temps avant de m'endormir, un tableau de Michel-Ange, qui m'avait frappé aux Loges, et que je le revis ensuite en rêve. Une autre fois, à Paris, je reconnus en rêve deux figures bizarres de chasseurs à cheval qui m'étaient apparues dans mes hallucinations. Enfin, pour citer un dernier exemple, je vis, il y a un mois, en m'endormant, un lion qui me rappelait celui en compagnie duquel j'étais revenu, un mois auparavant, de Syra à Trieste, et je le revis en rêve avec une pose identique à celle qu'il avait, et placé de même dans sa cage. Je me bornerai à ces exemples ; j'en pourrais produire beaucoup d'autres, et notamment celui d'une figure rhomboédrique et de couleur verte qui m'apparut en songe quelques minutes après que je venais de la voir les yeux fermés ; car ce sommeil, fait sur une chaise, ne dura que dix minutes.

Je pense donc que c'est avec beaucoup de raison que Purkinje et Gruithuisen ont appelé les images que l'esprit voit dans les hallucinations hypnagogiques, *éléments du rêve*. Ce sont ces images qui, à mon avis, entrent souvent dans la composition des songes. Et l'incohérence de ceux-ci rappelle fréquemment l'incohérence des visions de l'homme qui va s'endormir.

Théorie psychologique des hallucinations hypnagogiques. — Nous avons dit que les images fantastiques, les sons imaginaires ne venaient frapper l'esprit que lorsque l'attention est détendue, dès que la réflexion n'est plus active. Il y a, en effet, dans notre intelligence, deux facultés distinctes, l'imagination qui reproduit les images, qui les fait naître, et la réflexion qui les compare, les contrôle, les associe et amène ainsi l'imagination à en évoquer de nouvelles. Or, dans les hallucinations hypnagogiques, il nous paraît incontestable que la réflexion n'agit plus, que l'imagination est seule en action, tandis que la faculté de réflexion est réduite à un rôle purement passif. L'esprit contemple, comme étrangère à lui, l'image qui est pourtant son ouvrage.

Cette autocratie de l'imagination a lieu dans l'état intermédiaire entre la veille et le sommeil, tout comme dans la rêvasserie ; mais avec cette différence que les idées de choses sensibles s'offrent non plus sous la forme d'idées pures, mais sous celles d'images. Ainsi les idées ont un bien plus haut degré de vivacité. Mais si ces visions, ces pseudo-auditions sont un plus haut degré de revivification de l'idée, comment concevoir qu'elles ne se produisent qu'alors que l'attention est détendue, que la réflexion n'agit plus ? Comment comprendre que, loin de s'offrir comme le summum de la pensée, ces images n'ont aucun rapport avec l'objet qui occupait l'esprit, immédiatement auparavant, alors qu'il était complétement éveillé ? C'est là la difficulté qui se présente pour appliquer ici la théorie de M. Lélut, difficulté qu'avaient déjà rencontrée certains aliénistes, pour expliquer, à l'aide de la même théorie, les hallucinations qui évoquent spontanément devant l'œil du fou une image qui lui est absolument inconnue, et à laquelle il ne pensait nullement dans le moment où elle lui est apparue.

On ne saurait en aucune façon admettre que l'idée image soit la conséquence, dans les hallucinations hypnagogiques, d'une extrême préoccupation touchant l'objet qu'elle représente. Presque aucun des objets que j'ai vus ne se rapportait à mes réflexions antérieures. Ainsi, il y a cinq jours, comme j'allais m'endormir et que mon attention s'affaiblissait, l'idée d'un chien s'offrit spontanément à mon esprit ; et comme je répétais mentalement le mot *chien* machinalement, je vis un chien analogue au mien paraître devant mes yeux. Or, un moment avant, alors que je ne rêvassais pas encore, je pensais à toute autre chose qu'à un chien, car je cherchais à répéter de mémoire des vers anglais que j'avais appris, le matin, par cœur.

En présence de ces faits, vingt fois observés, il faut reconnaître que la revivification de l'idée, ou pour mieux dire l'idée

assez vive pour s'offrir comme une véritable image, doit tenir à
un état particulier de l'esprit, du cerveau, doit être le résultat
d'une surexcitation du système nerveux qui fait qu'au lieu de
paraître sous l'enveloppe plus obscure du signe, du mot, l'idée
se montre à l'esprit sous celle de l'image, et d'une image qui
est fort voisine d'être une sensation, une hallucination véritable.

L'hallucination hypnagogique se place, en effet, entre l'idée-
image et l'idée-sensation, pour suivre la terminologie de
M. Lélut. Elle est plus que l'image, que l'esprit voit, nette et
claire, devant ses yeux internes; mais elle n'est point encore
celle qu'il voit dans l'état de veille, tout à fait en dehors de lui.

Ce n'est pas l'intensité de la réflexion, mais celle de l'imagination, qui ravive tout à coup l'idée, au point de lui donner
une forme sensible. Et il est, en effet, à remarquer que ce
n'est point la réflexion prolongée qui l'amène à sa suite; loin
de là, elle la dissipe, en rendant la direction de l'esprit à l'attention qui atténue l'autocratie de l'imagination. Ceux qui se
représentent le mieux les objets et dont les idées s'approchent
le plus d'être des images, ne sont pas les métaphysiciens, les
mathématiciens, les penseurs, mais les hommes à imagination
vive, puissante, les femmes, les poëtes, les artistes. Chez ces
derniers, l'idée revêt une forme sensible, non à la suite d'un
travail préparatoire intellectuel, mais spontanément. Les idées
prennent, en un mot, une autre apparence, à raison de la nature plus vive de l'imagination, par un effet sans doute de la
surexcitation du système nerveux, du cerveau. Chez l'aliéné,
chez l'homme en proie à une émotion violente, telle que la peur,
l'idée s'offre sous la forme d'un image précisément à raison de
cette surexcitation.

L'étude des hallucinations hypnagogiques nous montre donc
que, du premier bond, l'idée peut devenir image, comme elle
peut devenir sensation, quand l'organe qui la fait naître est dans
un état convenable. Et cet état très voisin pour nous de la ma-
ladie est celui de la surexcitation nerveuse, l'état d'excitation.

Plus l'attention a de peine à se rétablir, à dominer l'imagination, plus l'excitation est grande, plus l'esprit est voisin d'être malade. Plus, au contraire, l'attention se rétablit vite, plus l'imagination voit son empire disparaître aisément, moins l'intelligence est altérée. Et dans l'état intermédiaire entre la veille et le sommeil, alors que l'attention se retire par l'effet d'une fatigue momentanée ou d'une volonté qui cherche le repos, quoique les faits se passent de la même façon que chez l'halluciné, il n'y a là aucune lésion intellectuelle.

Telle est ma manière d'envisager la production du phénomène que je viens de décrire. J'adopte au fond, comme on le voit, la théorie que M. Lélut a habilement exposée dans son introduction à *L'amulette de Pascal*; mais je crois devoir la préciser à mon point de vue, afin d'écarter les objections que les faits pourraient lui opposer, si on ne la comprenait pas suffisamment et si l'on confondait l'idée avec la réflexion, l'état où l'imagination règne seule avec celui où la réflexion la règle, la maîtrise et la conduit à sa volonté.

Les idées que l'imagination appelle, sous la direction de la réflexion, n'ont jamais l'intensité de celles que celle-ci évoque la première, en vertu de sa seule activité. Là où l'attention qu'amène la réflexion se retire, l'idée s'élève aux proportions de l'image. Et ces idées, que la folle du logis fait passer devant les yeux fermés, peuvent être autant la reproduction d'impressions profondes que les sens ont transmises peu de temps auparavant, que l'effet des réactions exercées sur le cerveau par le système viscéral et nerveux. C'est du moins ce qui résulte de mes observations. Car si j'ai vu d'une part, dans mes hallucinations hypnagogiques, des objets qui avaient produit une certaine impression sur mon esprit, peu de temps auparavant, j'ai vu aussi de l'autre des objets qui étaient évidemment évoqués par la réaction des viscères. Par exemple, m'étant couché plusieurs fois, dans un état d'orgasme des organes sexuels, des figures de femmes et des images obscènes apparurent à mes yeux clos; d'autres fois, ressentant des palpitations de cœur, j'ai distingué des figures d'animaux, d'ours, de serpents qui venaient pour m'étouffer, ou, éprouvant des spasmes d'estomac, j'ai eu des visions tristes et effrayantes. Souffrant, ces jours-ci, de douleurs nerveuses d'yeux et de cerveau, j'ai vu, les yeux fermés, des objets plus brillants que de coutume. Une bougie d'une extrême clarté s'est, par exemple, tout à coup offerte à moi; mes yeux, bien que fermés, en furent éblouis. Puis la main de ma mère m'apparut et éteignit cette bougie. Tout le monde a, du reste, fait pour les rêves des observations analogues.

Évidemment ces images si intimement liées à la disposition physiologique ou pathologique ne sont pas le résultat d'une idée progressivement resivifiée. Elles tiennent à l'état de la faculté imaginative, c'est-à-dire à l'état de l'organe par lequel elle s'exerce. Sans doute, ces images ne sont que des idées naissantes, sous une forme plus sensible, mais cette matérialisation de l'idée est due à la disposition de l'organe dans laquelle elle s'élabore, à la plus grande intensité de sa vertu idéoplastique.

C'est assez nous étendre sur la théorie psychologique de l'hallucination. Nous n'attachons pas assez d'importance à la manière de voir que nous nous sommes faite à cet égard, pour ne pas la modifier, si d'autres nous montrent que nous avons mal rendu compte des phénomènes. Nous ne garantissons qu'une seule chose, ce sont les faits. C'est d'eux seuls que nous nous portons garant, sur eux seuls que nous appelons l'attention des philosophes et des physiologistes.